LE TRIBUT DE LA GLOIRE,

OU

ESSAIS HISTORIQUES

SUR les honneurs que les Anciens rendoient aux Grands Hommes, et que nous devons leur rendre.

Avec ces conquérans, partagez votre temple,
Sage déesse des guerriers,
Dignes de vos honneurs, ils ont, à votre exemple,
Marié l'olive aux lauriers.

PAR F. M***.

A PARIS,

Chez { BICANT, Imprimeur, rue du Sépulcrhe, F. S. G., N° 643.
DENTU, Libraire, Palais-Égalité, Galeries de bois, N°. 240.

AN VI.

AVANT-PROPOS.

On accuse les républiques d'ingratitude: La haine qu'on avoit sujet de porter à cette espèce de gouvernement a fait saisir l'occasion de les couvrir d'opprobre ; quelques faits épars dans l'histoire ont donné matière à ces imputations odieuses, aussitôt la méchanceté les a recueillis, la malignité les a accrédités, chacun s'empresse de les répéter, personne ne se soucie de les appronfondir ; et presque tout le monde ferme les yeux sur ces témoignages beaucoup plus nombreux de la reconnoissance républicaine pour les services rendus à la patrie. Nous allons prouver par l'histoire des honneurs qu'elles se sont empressées de rendre aux grands hommes, qu'aucun gouvernement ne fut moins ingrat. La France, je l'espère, fournira bientôt elle-même une preuve de cette vérité. L'univers entier retentit des exploits de ses guerriers, leur valeur a surpassé celle des plus grands conquérans ; notre reconnoissance doit aussi surpasser celle de l'antiquité.

Sentiment sublime, divine reconnoissance,

toi, dont les bienfaits font éclore les héros, comme la valeur dont tu es le principe et le soutient, sois aussi la vertu des français. Ton temple auguste n'est plus profané par la présence des tyrans oppresseurs qui tourmentoient l'humanité, ni des ingrats qui la déshonoroient; chargés d'imprécations, qu'ils disparoissent de nos contrées! Les vertus, l'amour de la patrie, les talens, la bravoure y auront seuls des autels. Guerriers intrépides, hommes célèbres par vos talens et vos vertus, ô vous les bienfaiteurs de votre pays, vos statues rempliront ce temple! Partout on lira vos noms illustres sur ses murs sacrés! Les jours de fêtes dans les transports de l'allégresse publique, nous irons ornés de fleurs, et suivi d'une nombreuse jeunesse, les couronner de lauriers et vous proposer à nos enfans pour modèles; nous leur apprendrons, en vous citant pour exemple, que la patrie n'abandonne jamais ceux qui la servent, et que ce n'est pas envain qu'au frontispice de ce temple on a gravé sur le marbre immortel, ces paroles remarquables :

Aux grands hommes, la patrie reconnoissante.

LE

TRIBUT DE LA GLOIRE;

CHAPITRE PREMIER.

Des Monumens publics.

A la vue de ces monumens vénérables qui rappellent au peuple le souvenir de ses illustres défenseurs, des bienfaiteurs de l'humanité, on est pénétré de la plus vive reconnoissance pour ces grands hommes, et d'un brûlant desir de les imiter. Ce desir de se rendre utile en donne ou en développe le talent. Ils sont une histoire abrégée, simple et familière que les pères peuvent apprendre à leurs enfans. Les noms de ces monumens, les raisons qui les ont fait élever se reproduisent sans cesse à nos regards; ils échauffent en nous l'amour de la patrie dont ils avoient déja fait naître en nos cœurs les premières impressions. Les Camille, les Scipion, les Aristide, les Démosthène, les Phylopœmen, du haut de leurs piédestaux, donneront à tous les siècles des leçons de patriotisme et d'amour de la liberté. Pourquoi la plupart de nos monumens nationaux, muets pour nos cœurs, n'excitent point en nous le même enthousiasme que les monumens anciens ? C'est qu'il ne représentent à nos yeux que des protecteurs et des maîtres, des princes vicieux, des tyrans, des chefs ignorans qui, nouveaux Erostrates, n'ont d'autres titres à l'immortalité qu'un nom, des richesses et des forfaits. N'eût-il pas été plus agréable et plus utile à la patrie d'offrir à nos regards, à leur place, nos concitoyens, des compatriotes recommandables par leurs talens, leurs travaux, leurs succès et leurs vertus ? On a puisé dans la fable la plupart des sujets qui décorent nos lieux publics; et dans l'éducation on recommande à la jeunesse d'apprendre la Mythologie, parce qu'elle est nécessaire, dit-on, pour comprendre les ouvrages des sculpteurs et des peintres, et pour en parler. On ne peut sans cette science se montrer dans le parc de Versailles, dans le jardin des Tuileries et dans tous les lieux que l'art a décorés. Si ces lieux étoient ornés par la représentation des actions et des portraits des plus grands hommes en tout genre, on ne croiroit pas pouvoir se dispenser d'instruire les jeunes gens de la vie et des actions des hommes qui auroient donné matière à ces ouvrages. Par ce moyen, ils connoîtroient de bonne heure les vertus qui forment les grands guerriers, les généraux célèbres, les magistrats respectables, les citoyens utiles. Ces jeunes cœurs, excités par l'aiguillon de la gloire, embrâsés du feu de l'émulation, se rendroient célèbres par devoir comme par inclination. Espérons que la postérité plus équitable, rendra un jour aux grands hommes que le génie de la liberté reproduit parmi nous, ces hommages éternels que l'antiquité reconnoissante rendoit à ses héros. Nation généreuse, à l'exemple des anciens, répands tes largesses et tes bienfaits sur tes plus braves défenseurs, éternises leur gloire, répares les outrages faits à la reconnoissance ! La récompense des services rendus à la patrie est une semence d'où tu verras éclore des hommes célèbres. Jeunes héros, enfans de la victoire, vous rendez, il est vrai, des services désintéressés à la patrie ; jamais vous n'avez prétendu les lui vendre. Braves guerriers, moins vous êtes intéressés, plus nous serons équitables. Vos noms embellis par la gloire, passeront à l'immortalité avec ceux des héros de Rome et d'Athènes. Les républiques sont le berceau des sciences et des arts ; ils y prirent autrefois naissance. La postérité admirera vos belles actions tracées par le pinceau moëlleux d'un nouveau Tite-Live ; le burin profond, des crayons hardis, le ciseau des grands maîtres retracera à nos derniers neveux vos fronts couronnés des palmes de l'honneur. L'histoire des siècles passés vous est un sûr garant de la conduite que nous tiendrons à votre égard. Vous verrez dans cet écrit les républiques vengées du soupçon d'ingratitude envers leurs défenseurs. Sans doute, elles ont aussi commis leurs injustices, mais un prompt repentir, une éternité d'hommáges leur a fait pardonner ces momens d'erreur. Elles se sont toujours plu à perpétuer la gloire de leurs grands hommes et la mémoire de leurs actions.

Pour conserver la mémoire des grandes actions et des grandes victoires, on établissoit autrefois des fêtes et des jeux publics. La pâque faisoit souvenir les

Israélites de leur sortie d'Egypte. Les Jeux capitolins furent institués en mémoire de la délivrance du Capitole, assiégé par les Gaulois. On conservoit encore la mémoire des événemens considérables par des autels, des pierres dressées et d'autres monumens solides. Enée en laissa de semblables dans tous les lieux où il passa en Grèce, en Sicile, en Italie.

Les Egyptiens, les Phéniciens et plusieurs peuples du Nord, élevoient des colonnes sur lesquelles ils décrivoient tout ce qu'ils vouloient transmettre à la postérité; elles pouvoient être regardées comme les archives des nations; mais elles servoient principalement à récompenser les guerriers qui avoient défendu la patrie et s'étoient plusieurs fois exposé à la mort. Le célèbre Wormius, qui s'est plu à déchiffrer les antiquités Danoises, assure qu'il en a tiré la plus grande partie de ces sortes de colonnes gravées en caractères gothiques. Ces colonnes, dit cet auteur, formoient une suite d'histoire et de chronologie assez bien circonstanciée. En général, quand on vouloit, dans les pays septentrionaux, conserver la mémoire de quelqu'événement, on se servoit de pierres brutes d'une grosseur prodigieuse; les unes étoient jetées confusément; on donnoit aux autres quelqu'ordre et quelque simétrie. Il reste encore de ces sortes d'ouvrages en Angleterre dans la plaine de Salisbury.

Pour perpétuer le souvenir des grandes actions et en rendre graces aux dieux, on élevoit des temples. Le temple de Jupiter-Férétrien, rappeloit le souvenir de lá victoire de Romulus sur les Génimiens. Celui de Jupiter-Stator étoit un monument illustre de la défaite des Samnites.

Quand Pompée eut vaincu Mithridate, il bâtit une ville sur le champ même de bataille, et l'appela *Nicopolis*, c'est-à-dire, Ville de Victoire.

Dans la plupart des villes de la Chine, on trouve des arcs de triomphe et des monumens en l'honneur des héros de la nation.

Suivant Aristote, les premières statues furent érigées dans le marché d'Athènes à l'honneur d'Harmodie et d'Aristogiton, qui avoient délivré le pays de la puissance du tyran Pisistrate.

SP. Carnilius, des corselets et des casques des Samnites qu'il avoit vaincu, fit faire une statue à Jupiter du Capitole; elle étoit si grande, que de la limaille seule de la figure de Jupiter, il eut assez de matière pour faire sa propre figure. *Pline*, *liv.* 33; *chap.* 8.

La sage politique des Grecs et des Romains qui élevoient des statues à ceux qui avoient rendus de grands services à la république, leur procuroit quantité de citoyens utiles; mais par la suite, lorsqu'on vit la statue d'un général d'armée à côté de celle d'un joueur de flûte qui avoit su plaire au peuple; lorque les Thébains élevèrent une statue à Frononius à côté de celle d'Epaminondas, ces récompenses cessèrent d'être honorables, elles furent avilies. On ne chercha plus à les mériter. Les récompenses d'honneur sont la vraie solde des guerriers et le patrimoine de l'état, il doit en paroître avare pour les faire valoir davantage. S'il les prodigue, elles diminuent de prix.

Les Romains, en reconnoissance des services du premier Scipion l'Africain, voulurent lui ériger une statue dans le Champ-de-Mars, sur la tribune aux harangues, dans le sénat et même dans le temple de Jupiter. Ils voulurent placer son image, revêtue des ornemens du triomphe, à côté de celle des dieux dans le Capitole; ils voulurent, enfin, le faire consul pour toute sa vie; mais la modestie de ce grand homme, ne voulut jamais permettre au sénat ni au peuple de faire en sa faveur des décrets si glorieux. *Val. Max. li. IV.*

Séthon, moins modeste, ayant vaincu avec des forces inégales Sennachérib, roi d'Assyrie, se fit dresser, dans le temple de Vulcain, une statue avec cette inscription:

Toi qui me regardes, révères les dieux.

On bâtit à Rome, avec les deniers publics, une maison pour Valérius, à cause de la victoire qu'il avoit remportée. *Hist. rom.*

Tout l'honneur qu'on rendit à Miltiade, le libérateur d'Athènes et de toute la Grèce après la bataille de Marathon, fut que, dans le tableau où les Athéniens firent peindre cette bataille, on le représenta à la tête de dix chefs exhortant les soldats et leur donnant l'exemple. *Hist. rom.*

Entrez à Westmunster, ce ne sont pas les tombeaux des rois qu'on y admire ; ce sont les monumens que la reconnoissance de la nation a érigés aux grands hommes qui ont le plus contribué à sa gloire ; vous y voyez leurs statues, comme on voyoit dans Athènes celles des Sophocle et des Platon ; et je suis persuadé que la seule vue de ces glorieux monumens a excité plus d'un esprit et a formé plus d'un grand homme.

Ces récompenses publiques, ces témoignages éclatans et durables de reconnoissance, ont plus formé de grands hommes que l'éloquence des Démosthène et des Cicéron. A Sparte, ensuite à Rome, dans son état florissant, on ne voyoit presque point de citoyen qui ne se montrât brave quand il s'agissoit de se signaler pour la patrie; parce que ces deux fameuses républiques honoroient la valeur et lui donnoient les récompenses dont elle étoit digne. L'ouvrage de l'éducation et des préjugés est aussi puissant que celui de la nature ; celle-ci ne donne la valeur qu'à une petite portion d'hommes : mais l'éducation n'oublie aucun citoyen ; elle leur donne nécessairement une valeur qu'on prendroit pour être naturelle et qui a de plus l'avantage d'être raisonnée, échauffée sans cesse et toujours agissante vers des objets utiles à la société. Ainsi que le culte d'un Dieu contribue à former l'honnête homme, le culte des grands hommes doit former des héros. Ornons nos lieux publics, nos promenades, la capitale, les villes de province, des statues de ceux qui ont honoré leur patrie. Ces figures, l'imitation la plus sensible de la nature, plaisent aux hommes les plus grossiers ; elles parlent un langage intelligible à tous les esprits. Nous pouvons juger de l'effet moral qu'elles produisent par l'usage qu'on en a fait. Lorsque les peuples ont voulu donner des marques publiques de leur respect, de leur reconnoissance, de leur vénération, de leur adoration, soit à leurs semblables, soit à leurs dieux ; ce sont des statues à leur ressemblance qu'ils ont élevées dans les places publiques, dans les temples, sur les autels. Les hommes bienfaisans, les héros, les dieux ont toujours été ainsi célébrés. Cet usage est de toute antiquité, il a été invincible. Il subsiste encore. Nous voyons nos temples, tels qu'étoient ceux de l'antiquité, offrir à la vénération publique les statues représentant l'Etre-Suprême et les hommes célèbres par leurs vertus religieuses. L'Egypte, la Grèce, Rome, ont vu leurs cités ornées de toutes parts des statues de leurs grands hommes. Cet honneur jusqu'ici avoit paru si flatteur, que la plupart de nos monarques se l'étoient réservé pour eux seuls. La France a eu des grands hommes dans tous les genres ; et on n'y voyoit d'autres statues dans les places publiques que celles des rois ! Louis XIV avoit placé à grands frais, dans ses galeries, dans ses jardins, les dieux du paganisme et les héros de l'antiquité : Turenne, qui avoit soutenu sa couronne ; Vendôme, qui avoit mis son petit-fils en possession de la monarchie d'Espagne ; Villars, qui avoit sauvé la France ; tant de grands hommes qui avoient contribué à sa gloire, qui avoient illustré son règne et la nation, ne purent, avec tout leur mérite, obtenir de partager avec ces hommes auxquels nous ne devons aucune

reconnoissance

reconnoissance, parce qu'ils n'ont rien fait pour nous; ne purent, dis-je, partager avec eux la gloire d'une statue exposée aux regards publics. Avilissante politique! Soyons désormais plus équitables. Rendons au vrai mérite les honneurs qui lui sont dûs. Le génie de la liberté a renversé les monumens de l'orgueil et de l'ambition. A la place de ces vaines idoles plaçons les bienfaiteurs de la nation. Que ce palais magnifique qui fait l'admiration du monde entier porte l'empreinte de la reconnoissance nationale! Semblable au Capitole, dont Tarquin l'Ancien jeta les fondemens, qui fut continué et même agrandi par son neveu Tarquin le Superbe, et dont les dieux, dit Tacite, reservèrent l'achèvement à la liberté; que le Louvre par sa magnificence annonce aux nations nos destinées, nos victoires et les actions de nos héros! Que la magnificence de ce monument imprime autour de nous la majesté du nom français et la gloire de notre patrie.

CHAPITRE II.

Des différens honneurs qu'on doit rendre aux Guerriers.

Il est des récompenses pour le héros, moins durables que les monumens et plus flatteurs, c'est le tribut d'éloges, de félicitations que lui payent ses concitoyens; ce sont les démonstrations de la reconnoissance, et les transports de la joie publique. L'appareil de ces honneurs éclatans fait plus d'impression sur nous que le témoignage tardif d'un monument. Bien des hommes préfèrent un jour de gloire pendant leur vie, à cent ans d'honneurs après leur mort. Ces récompenses solemnelles font trouver l'intérêt de l'amour-propre dans l'intérêt de la vertu; elles font estimer le travail et l'adoucissent, en offrant pour perspective le succès. Ces hommages que chaque citoyen partage, ces témoignages glorieux que chacun s'empresse de rendre aux plus braves, ces réjouissances nationales, le prélude du bonheur que nous procure la valeur de nos guerriers, sont préférables à ces distinctions puériles, à ces misérables hochets que le hazard ou la faveur distribuoient autrefois. Dans un état républicain, le mérite seul doit dispenser les honneurs aux citoyens. On y doit ignorer ces distinctions odieuses qui excitent l'arrogance et l'incivilité des uns, le dépit et la jalousie des autres.

Les anciens doivent en cela nous servir de modèles :

ils nous apprendront à nous acquitter envers nos grands hommes. Comme dans le chapitre précédent, nous allons orner ce discours de quelques recherches historiques sur la manière de les honorer.

L'usage des couronnes est venu des Egyptiens. Ils s'en servirent d'abord dans les temples, ensuite ils en ornèrent leurs chefs. Ce fut dans Athènes que prit naissance la coutume de donner une couronne aux citoyens qui s'étoient distingués, lorsqu'on mit sur la tête de Périclès victorieux, deux rameaux de laurier entrelacés l'un dans l'autre. On n'accordoit cet honneur qu'aux plus grands héros et aux dieux. La couronne de vigne étoit dédiée à Junon, celle d'olivier sauvage à Hercule, celle de laurier à Apollon, celle de lierre à Bacchus, celle de mirthe à Vénus et celle de chêne à Jupiter. Plusieurs sortes de couronnes furent en usage chez les Romains. La couronne triomphale ne fut au commencement que de laurier; mais depuis on la fit d'or. Les empereurs entrant victorieux dans Rome en furent seuls honorés.

Le consul Posthumius, ayant vaincu les Sabins, entra dans Rome, couronné de mirthe.

Toutes les cités des Gaules offrirent à l'empereur Probus, à cause de ses grands exploits, des couronnes d'or, dont il fit présent au sénat, le priant de les consacrer aux dieux.

Pour immortaliser les conquérans, on donnoit de

nouveaux noms aux pays conquis. Telle est l'origine des noms de *Séleucie*, d'*Antioche*, d'*Apamée*, etc. On donnoit aussi aux vainqueurs les noms des pays qu'ils avoient conquis. C'est ainsi que le surnom d'*Africain*, d'*Asiatique*, d'*Achaique*, de *Numidique* furent donnés aux Scipions, à Numidius et Metellus, en mémoire de la ruine de Carthage, de la défaite d'Antiochus et des victoires remportées sur Jugurtha. En remontant plus haut, nous voyons Cn. Martius prendre le nom de *Coriolan*, de la ville de Corioles qu'il prit sur les Volsques. C. Manlius fut surnommé *Torquatus* d'un colier qu'il arracha à un Gaulois dans un combat singulier.

Les Romains avoient coutume de déférer à leurs généraux, après quelques grandes victoires, le titre d'*Imperator*. Le guerrier qui en avoit été honoré le quittoit toujours après son triomphe. Mais Jules-César le retint ainsi que l'empire dont il trouva moyen de se rendre maître. Et le titre d'*imperator* devint le nom propre de ses successeurs.

Il est un canton dans l'Amérique où, lorsqu'un Sauvage a remporté une victoire, ou manié adroitement une négociation, on lui dit dans une assemblée de la nation, *tu es un homme*. Cet éloge l'excite plus aux grandes actions que toutes les dignités proposées dans les états despotiques à ceux qui s'illustrent par leurs talens. *Helvétius*.

Nous devons nos chefs-d'œuvres en poësie aux belles actions des guerriers que les poëtes ont célébré.

Homère fit sont Iliade pour décrire le siège de Troyes. Le poëte Stersichore employa le poëme épique à chanter des guerres considérables et d'illustres héros. *Voltaire.*

C'est le récit que le poëte Thespis faisoit dans les villes de la Grèce des avantures de quelques héros qui fit inventer la tragédie. *Marmontel.*

Echile est le premier qui des actions des héros composa et fit représenter des tragédies. *Marmontel.*

Carmenta dans le Latium, selon Denis d'Halicarnasse, composa des hymnes à la louange des guerriers illustres.

Les Lacédémoniens, sur le point de combattre, faisoient des sacrifices aux muses, afin d'obtenir que leurs belles actions fussent dignement écrites; pensant que c'étoit une faveur des dieux qu'elles trouvassent des témoins capables de les publier et d'en rendre la gloire immortelle. *Plutarque.*

Les Germains chantoient les exploits de leurs plus illustres guerriers. Tacite dit qu'ils chantoient les exploits d'Arminius.

Chez les anciens Danois, il y avoit des prêtres et des poëtes dont la fonction étoit de composer des épitaphes en mémoire des guerriers illustres. Ces mêmes poëtes composoient aussi en leur honneur des pièces de vers que le peuple chantoit dans les festins en buvant à eux et aux dieux.

Nos pères avoient imaginé un moyen bien puissant pour exciter à la valeur. Il y avoit des hommes appelés Bardes tirés du corps des Druides, dont la fonction étoit de suivre les armées et de se trouver sans combattre au fort des mêlées, seulement pour animer les combattans et pour être témoins oculaires des actions qu'ils devoient célébrer dans leurs poëmes. Ces poëtes étoient respectés du peuple et particulièrement chéris et recherchés par les guerriers qui ne fondoient leur réputation que sur les éloges qu'ils en recevoient.

Après la bataille de Mantinée, Philopœmen, général des Achéens, assista avec sa phalange aux jeux Néméens. Dans le moment qu'il entroit sur le théâtre avec ces jeunes gens couverts de leurs cottes d'armes, le musicien Pylade, qui chantoit sur la lyre les Perses de Timothée, prononça par hazard ce vers de la pièce : *C'est moi qui ai couronné vos têtes des fleurs de la liberté*. En même-tems les Grecs jetèrent les yeux sur Philopœmen avec des battemens de mains et des cris de joie universels, rappelant dans leur esprit les beaux jours de la Grèce triomphante, et se flattant de la douce espérance qu'il feroit revivre cet ancien tems et cette ancienne gloire ; tant ils se sentoient remplis de courage et de confiance sous un chef tel que Philopœmen.

Suivant les lois de Licurgue, les belles et jeunes Lacédémoniennes s'avançoient demi-nues en dansant dans l'assemblée du peuple. Là, en présence de la nation, elles insultoient par des traits satyriques ceux qui avoient marqué quelque foiblesse à la guerre; et elles célébroient par des chansons les jeunes guerriers qui s'étoient signalés par quelques exploits éclatans. *Plutarque.*

Qui peut douter que le lâche en butte devant tout un peuple aux railleries amères de ces jeunes filles, en proie aux tourmens de la honte et de la confusion, ne dût être dévoré du plus cruel repentir? Quel triomphe au contraire pour le jeune héros qui recevoit la palme de la gloire des mains de la beauté; qui lisoit l'estime sur le front des vieillards, l'amour dans les yeux de ces jeunes filles et l'assurance de ces faveurs dont l'espoir seul est un plaisir? Peut-on douter qu'alors ce jeune guerrier ne fut ivre de vertu? Aussi les Spartiates toujours impatiens de combattre se précipitoient avec fureur dans les bataillons ennemis, et de toutes parts environnés de la mort, ils n'envisageoient autre chose que la gloire. Tout concourroit dans cette législation à métamorphoser les hommes en héros; mais pour l'établir, il falloit que Licurgue, convaincu que le plaisir est le moteur universel des hommes, eut senti que les femmes, qui partout ailleurs sembloient, comme les fleurs d'un beau jardin, n'être faites que pour l'ornement de la terre et le plaisir des yeux, pourroient être employées à un plus noble usage; que ce sexe, avili et dégradé chez presque tous les peuples du monde, pouvoit être en communauté de gloire avec les hommes, partager avec eux les lauriers qu'il leur faisoit cueillir, et devenir enfin un des plus puissans ressorts de la législation. En effet, si le plaisir de l'amour est pour les hommes le plus vif des plaisirs, quel germe fécond de courage ne doit point s'y trouver renfermé ! et quelle ardeur pour la vertu ne doit point inspirer le desir des femmes ?

Les Floridiens ont la composition d'un breuvage très-fort et très-agréable ; mais ils n'en présentent jamais qu'à ceux de leurs guerriers qui se sont signalés par des actions d'un grand courage.

La république romaine prodiguoit les récompenses militaires, mais avec discernement ; elles n'étoient point arbitraires, c'eût été les rendre méprisables ; la loi même récompensoit, et l'on n'avoit ni à soupçonner l'indulgence des généraux ni à craindre leurs caprices. Ce n'étoit point par des largesses en argent ou par une distribution plus abondante en vivres qu'on récompensoit le soldat, c'eût été exciter son avarice et son intempérance, et pour animer le courage, réveiller des passions qui doivent l'amortir. Le soldat qui sauve dans le combat un citoyen prêt à périr obtient une autre récompense que celui qui est monté le premier sur le mur d'une ville assiégée, ou qui a le premier forcé le camp des ennemis. Les lances, les boucliers, les harnois, les coupes, les coliers sont autant de prix différens pour différentes actions ; les escarmouches, les batailles, les sièges ont les leurs et ceux qui avoient été honorés de quelques marques de valeur

valeur assistoient aux jeux et aux spectacles avec un habit particulier. Ainsi le courage du soldat romain, toujours excité par un nouvel objet, ne pût jamais se relâcher. *Mably*.

Rome avoit deux manières d'honorer les victorieux, l'une s'appeloit *Triumphus* et l'autre *Ovatio*. La première étoit accordée aux héros par le sénat, par l'armée et par le peuple, d'où lui vient le nom de *Triumphe*. Romulus fut le premier qui imagina, et qui se décerna lui-même les honneurs du triomphe après avoir vaincu Aëron qui vouloit venger l'enlèvement des Sabines. Cet honneur se rendoit de la manière suivante :

Lorsqu'un général avoit gagné quelques batailles considérables sur mer ou sur terre, ou pris quelques villes d'assaut, il faisoit à son retour son entrée dans Rome aux acclamations du peuple sur un char de la dernière magnificence, couronné de lauriers entremêlés d'or, couvert d'un manteau couleur de pourpre parsemé d'étoiles d'or en broderie, tenant d'une main une branche de laurier et de l'autre un sceptre d'ivoire. Quatre chevaux couleur de perle étoient attelés à son char devant lequel marchoient des trompettes et des clairons ornés de guirlandes. Après eux venoient de beaux charriots chargés des dépouilles des ennemis ; ensuite des tours et des villes de bois bien travaillées où brilloient des lames d'or et d'argent entremêlées des guirlandes dont les vaincus avoient honoré le vainqueur. Ces machines représentoient les villes et les tours qu'on avoit pris sur l'ennemi. Après suivoient quatre bœufs blancs et des éléphans, qui précédoient les rois et les généraux prisonniers, accompagnés des archers de Rome vêtus de couleur de pourpre. Entre ces derniers paroissoit une espèce de bouffon habillé à la royale et couvert de pierreries. Sa fonction étoit de faire rire le peuple. Immédiatement devant le héros marchoit tout le sénat, et des soldats couronnés de lauriers suivoient le char. On se rendoit avec cette pompe au Capitole où les quatre bœufs étoient sacrifiés dans le temple de Jupiter. Après quoi il y avoit un grand festin préparé où le triomphateur, ses parens, ses amis et tout le sénat étoient splendidement traités et régalés. Enfin, des médailles d'or et d'argent étoient frappées en mémoire de ce triomphe. C'étoit le plus grand honneur dont Rome récompensât ses héros

L'*Ovation* étoit la seconde manière de triompher, et c'étoit pour honorer ceux qui avoient vaincu sans verser de sang, en obligeant l'ennemi à se rendre, ou en prenant des villes par composition, ou bien pour avoir défait des rebelles ou des pirates. C'est à ces sortes de victoires que s'accordoit l'*Ovation* qui, selon Plutarque, se célébroit de la manière suivante :

Le héros marchoit à pied et en pantoufles couronné d'une guirlande de mirthe précédé de flûtes et de hautbois. Arrivé au Capitole, il y faisoit à Jupiter l'offrande d'une brebis, en latin *Ovis*, d'où est venu le mot d'*Ovation*.

Dans le tems de l'ancienne discipline des Romains, un général ne pouvoit prétendre au triomphe sans avoir étendu les bornes de l'empire et tué au moins cinq mille ennemis dans une bataille.

Au triomphe de Scipion l'Africain, les rois et les généraux qu'il avoit vaincus marchoient devant son char enchaînés et la tête nue pour marque de leur servitude.

Marc-Antoine, après la bataille de Pharsale, entra dans Rome sur un char traîné par des lions.

On vit dans le triomphe de Paul-Emile les vases d'or de Persée, d'Antigone et de Séleucus, avec le char de Persée, dans lequel étoient ses armes et son diadême. Les enfans de ce malheureux prince marchoient ensuite accompagnés de leurs gouverneurs et de leurs officiers.

Au triomphe de l'empereur Aurélien, vingt éléphans marchoient les premiers et après deux cents animaux, des tigres, des léopards, etc. amenés de Lybie et de Palestine. On y vit six cents gladiateurs et une infinité d'esclaves de toutes nations; deux charriots chargés d'or, de pierreries et d'effets précieux qu'avoient donné Odenat et le roi de Perse. Le troisième étoit le char que la reine Zénobie avoit fait construire pour entrer dans Rome après l'avoir soumise, elle y paroissoit richement parée et chargée de chaînes d'or.

Il parut au triomphe de M. Fulvius, outre la profusion d'or et d'argent qu'il apportoit de l'Etolie et de la Céphalonie, 285 statues de bronze, 230 statues de marbre et quantité d'armes et de machines de guerre.

Probus fut le dernier des empereurs qui triompha dans Rome.

Thémistocle, l'un des généraux de l'armée des Grecs contre Darius roi de Perse, sauva sa patrie par sa prudence et son habileté. Les Lacédémoniens, reconnoissans de ses services, le conduisirent à Sparte couronné d'olivier. On lui fit présent d'un riche char. Trois cents chevaux furent commandés pour l'escorter jusque sur les confins de leur territoire. A ces marques extraordinaires d'estime de la part d'un peuple sévère et jaloux, toute la Grèce jeta les yeux sur cet Athénien comme sur son libérateur. Quelque tems après, comme il assistoit aux jeux Olimpiques, chacun se le montroit, le regardoit avec admiration et tout le spectacle retentit de ses louanges. Il fut si sensible à cet applaudissement général que, ne pouvant contenir sa joie, il dit à ses amis: *je recueille aujourd'hui tout le fruit de mes travaux.*

Non-seulement les Romains accordoient des honneurs publics à leurs héros, ils leur accordoient encore des récompenses particulières. Au sein même des familles les grands hommes trouvoient le plus précieux dédommagement de leurs travaux. Calpurnius Pison, après avoir délivré la Sicile de la fureur des esclaves fugitifs, récompensa son fils d'une couronne d'or. Les Romains ne pouvoient blâmer Pison de la récompense qu'il donna à son fils. S'il étoit juste qu'un père se dépouillât des sentimens paternels pour punir le crime, il ne l'étoit pas moins qu'il oubliât ce titre et qu'il se mit au-dessus du préjugé, lorsqu'il étoit question de récompenser la vertu.

On mettoit à Rome au doigt du triomphateur un anneau, afin de le faire souvenir qu'il étoit homme et que la fortune qui l'élevoit au faîte de la gloire duroit peu et pouvoit encore le faire tomber dans l'esclavage. *St.-Foix.*

On voit par Juvénal, Pline, et autres anciens auteurs qu'autrefois sur les habits de triomphe on peignoit des sujets qui exprimoient les actions du triomphe.

Les soldats romains qui s'étoient signalés recevoient du général des bracelets d'argent qu'ils portoient au bras.

Les grands capitaines romains qui avoient triomphé plaçoient sur le devant de leurs maisons leur tableau orné de figures, de trophées et de dépouilles conquises sur les ennemis. Il n'étoit pas permis au nouvel acquéreur de ces maisons d'ôter ces tableaux. Appius Claudius fut le premier qui exposât en public des boucliers sur lesquels ses prédécesseurs étoient peints au naturel.

César Auguste, après avoir conquis l'Egypte, fit placer dans le Capitole les éperons des navires pris dans cette expédition ; imitant en cela ce qu'avoit fait Jules-César après avoir vaincu sur mer les Carthaginois.

On voyoit suspendu dans le temple de Pallas les liens dont les Lacédémoniens vaincus avoient eu les pieds liés.

Les militaires romains qui avoient été honorés de quelques marques de valeur assistoient aux jeux et aux spectacles, avec un habit particulier, et exposoient dans leurs maisons, avec les dépouilles qu'ils avoient remportées sur leurs ennemis, les prix que les consuls leur avoient donnés. *Mably.*

Cette espèce de monument domestique nourrissoit une noble émulation entre tous les citoyens; et les fils, élevés au milieu de la gloire de leurs pères, apprenoient promptement leurs devoirs et ce que la république attendoit d'eux.

Les soldats romains qui s'étoient signalés recevoient du général des bracelets d'argent qu'ils portoient au bras gauche. Labienus ayant donné des bracelets d'or à un cavalier qui avoit fait de belles actions, Scipion dit à ce cavalier qu'il estimoit : » tu es partagé » en homme riche ; « comme pour lui dire tu ne l'es pas en homme de guerre. Le cavalier, honteux de cette raillerie, alla jeter ce présent aux peds de Labienus ; après quoi Scipion son général lui ayant envoyé des bracelets d'argent, il s'en tint extraordinairement honoré.

Solon diminua la récompense de ceux qui remportoient des victoires dans les jeux Olimpiques et dans les Isthmiques, en la fixant pour les Olimpiques à cent dragmes, c'est-à-dire 50 li., et pour les Isthmiques à 250 liv. Il trouvoit que c'est une chose honteuse de donner à des athlètes et des lutteurs des récompenses très-considérables qu'il falloit plutôt garder pour ceux qui mouroient à la guerre pour le service de leur pays, et dont il étoit juste de nourrir et d'élever les enfans qui suivroient un jour l'exemple de leurs pères.

Sous Auguste, un soldat qui avoit servi pendant le tems prescrit recevoit douze mille sestères. Les prétoriens qui avoient servi 16 ans en recevoient vingt mille. Quelquefois on leur donnoit des terres en Italie et en Sicile.

L'empereur Sévère, considérant que la récompense du soldat étoit comme le fondement et la sûreté de l'empire, se plaisoit à leur partager ses richesses, regardant comme un grand crime de les dépenser à ses plaisirs.

L'estime que les Anglois avoient pour le prince Eugène devint une véritable passion. Une vieille fille lui donna deux mille cinq cents livres sterlings par son testament. Et un jardinier lui fit un legs de cent livres sterlings.

Les Francs nos ancêtres usoient de divers artifices

pour exciter leurs enfans à la bravoure et les animer au combat. Les jeunes gens portoient des anneaux de fer comme les esclaves, jusqu'à ce que quelqu'exploit de valeur engagea leurs chefs à leur en donner de matière d'or. La honte de porter les caractères ignomineux de la servitude leur faisoit faire les plus grands efforts pour donner des preuves de leur courage.

Ces récompenses honorables accordées aux citoyens dans les républiques anciennes furent le fondement de leur gloire et de leur élévation. Le mérite récompensé échauffa l'amour de la patrie, *inspira* une haîne invincible pour la tyrannie, fit fleurir les sciences et les arts, rendit les guerriers intrépides et les peuples fiers et indépendans. Combien ces nations ont dégénéré de leur antique splendeur depuis qu'elles ont laissé dans l'oubli les vertus civiles et militaires! Rome qui croissant toujours en puissance comptoit ses héros par ses citoyens, Rome, maîtresse de l'univers et digne de l'être, ne produit aujourd'hui que des soldats pusillanimes, que des hommes qui n'ayant pas la hardiesse de combattre ont la lâcheté d'assassiner. Cette république jadis si renommée, n'a à présent pour héros, que des arlequins, pour sénateurs que des prélats timides, pour césars que des vieillards courbés sous le poids des années. Athènes et Lacédémone, célèbres par leurs arts, célèbres par leurs sages, ne présentent aujourd'hui que des esclaves efféminés et des barbares. Quand les principes d'éducation changent dans un pays, les hommes y changent nécessairement. Cette

éducation

éducation si puissante pour porter les hommes aux grandes actions consiste principalement dans la gloire ou la honte qu'on attribue à une action plus qu'à une autre, dans nos exercices, et même jusques dans nos plaisirs. Rome, devenue maîtresse de l'univers, élevoit des statues aux vainqueurs de ses ennemis, elle les conduisoit en triomphe; l'éloquence utile étoit couronnée, les ar-s nécessaires étoient honorés, la vertu avoit des temples. Ses fêtes étoient toujours l'appareil fastueux des héros qui la servoient. Ses spectacles étoient des représentations de la guerre. Une telle éducation publique devoit produire de grands effets indépendamment du climat. Elle auroit maîtrisé l'univers du fond de l'Afrique ou de l'Asie comme elle a fait du centre de l'Europe.

CHAPITRE III.

Des honneurs rendus aux mânes des grands hommes.

Par les lois de Licurgue, il étoit défendu de donner des larmes à ses amis ou parens morts dans le combat. On a vu des mères Lacédémoniennes regarder de sang-froid leurs enfans morts à la guerre et les charger d'injures quand ils avoient reçu plus de coups par derrière que par devant. *Hist des emp.*

Les Lacédémoniens ne pouvoient se soutenir que par les armes et la valeur. Leur sage législateur n'a rien négligé pour inspirer la vaaleur, il la combloit des plus grands honneurs et la faisoit envisager comme la première des vertus. L'éducation rend les hommes ce qu'on veut qu'ils soient, et les lois d'une nation donnent le plan d'éducation de tous ceux qui la composent.

Les Athéniens, après chaque campagne, étoient dans l'usage de faire les funérailles de ceux qui avoient été tués. Pour cela on dressoit trois jours auparavant une tente où l'on exposoit les ossemens des morts et chacun jettoit dessus des fleurs, de l'encens, des parfums et autres choses semblables, puis on les chargeoit sur des chariots dans des cercueils de cyprès, chaque tribut avoit son cercueil et son chariot séparés ; mais il y en avoit un qui portoit un grand cercueil vuide pour ceux dont on n'avoit pas trouvé le corps. La marche se faisoit avec une pompe grave, majestueuse et pleine de religion. Un grand nombre d'habitans, citoyens et étrangers, assistoit à cette lugubre cérémonie. Les parens des défunts se trouvoient au sépulchre pour pleurer. On portoit ces ossemens dans un monument public au plus beau fauxbourg de la ville appelé *Céramique*, ensuite on les couvroit de terre, et l'un des citoyens les plus considérables de la ville faisoit leur oraison funèbre. Périclès fut le premier choisi pour remplir cette honorable fonction, après la première année de la guerre du Po pnèse. Après avoliréoisnai payé solemnellement le double tribut de pleurs et de louanges à la mémoire des braves soldats qui avoient sacrifié leur vie pour la défense de la liberté commune, la république prenoit soin de la subsistance des veuves et des orphelins qui étoient restés en bas âge. *Hist. anc.*

Les tombeaux des héros furent autrefois des aziles sûrs et inviolables pour ceux qui étoient atteints par la rigueur des lois ou opprimés par la violence des tyrans.

Chez les anciens Danois on élevoit à la mémoire des grands hommes des tombeaux de gazon ou de pierre, ou des pyramides de marbre sur lesquelles on représentoit des figures d'animaux dont les différens caractères faisoient connoitre les vertus qu'on avoit le plus admirées dans le héros. *L'abbé Lambert.*

L'oraison funèbre du fameux républicain Brutus, tué

à la tête de l'armée romaine, fut prononcée dans la tribune aux harangues par Valérius. C'est la première dont il soit parlé chez les Romains. Ce même honneur fut accordé par la suite à tous les citoyens qui s'étoient distingués.

Publicola qui avoit rendu de grands services à Rome sa patrie, en reçut pendant sa vie les marques de reconnoissance les plus sensibles. Et à sa mort, elle lui témoigna les mêmes sentimens. Il fut ordonné qu'il seroit enterré aux dépens du public, et chacun donna pour ses funérailles une petite pièce de monnoie appellée *quadrans*. Les femmes quittèrent l'or et la parure et porterent, le deuil pendant un an entier. On ordonna encore qu'il fut enterré dans la ville (honneur très-grand en Italie), dans un lieu appelé *Vélia*, et qu'à perpétuité ce seroit là le tombeau de tous ceux de sa race. *Plut.*

Les plus grands seigneurs de Macédoine, étant à Rome lorsqu'on y faisoit les obsèques de Paul-Emile, s'offrirent d'eux-mêmes à porter son lit funèbre. Cependant on avoit peint sur les endroits les plus apparens de ce lit toutes les victoires que Paul-Emile avoit remportées sur les Macédoniens. La vénération qu'ils avoient pour ce grand homme les porta à exposer eux-mêmes les tristes images de leurs pertes. *Valère Maxime. liv. XI.*

Des militaires mirent sur le tombeau d'un capitaine qui mourut à Milan de ses blessures, ces paroles de

Credo : *Qui propter nos et propter nostram salutem descendit ad inferos.* (*Commines et g.*)

Sur les sépulchres des soldats morts aux Thermopyles les Lacédémoniens écrivirent: *Passant, vas dire au peuple de Lacédémoine que nous gissons ici pour avoir obéi à ce qui nous fut commandés.*

La république de Sparte n'accordoit l'honneur de l'épitaphe qu'aux hommes tués à la guerre et aux femmes mortes en travail d'enfans.

Constantin fit une loi en faveur de ceux qui exposoient leur vie pour le salut de l'état. Il ordonna que leur dernière volonté, s'ils mourroient en campagne, seroit exécuté sans contestation, de quelque manière qu'elle fut manifestée. Ainsi leurs dispositions testamentaires écrites avec leur sang sur le fourreau de leurs épées, sur leurs boucliers et même tracées avec leur pique sur la poussière du champ-de-bataille où ils perdoient la vie avoient la force d'un acte revêtu de toutes les formalités. *Hist. des Bas Emp.*

A Rome on faisoit des images de cire qui représentoient les hommes illustres, spécialement ceux qui avoient eu l'honneur du triomphe. Les familles des grands hommes conservoient ces images dans des armoires près de l'entrée de leurs maisons. Lorsque quelqu'un de la famille mouroit, on portoit aux funérailles toutes les images de ses prédécesseurs.

Les Nasamones, peuple de la Lybie, avoient une si grande estime pour la valeur qu'ils ne juroient jamais qu'en mettant la main sur le tombeau des hommes dont la mémoire étoit en vénération. *Hérodote. liv.* IV.

Dans une fête célèbre à Athènes, où l'on représentoit des spectacles en présence de tout le peuple, un hérault montoit sur le théâtre pour y présenter, couverts d'une armure complette, les jeunes orphelins dont les pères étoient morts aux champs de l'honneur, et crioit à haute voix : « Ces jeunes orphelins, à qui » une mort prématurée a ravi au milieu des hazards » leurs pères illustres, ont retrouvé dans le peuple » un nouveau père qui a pris soin d'eux jusqu'à la fin » de leur enfance. Maintenant il les renvoye armés » vaquer sous d'heureux auspices à leurs affaires, et » les inviter à mériter les premieres places de la répu- » blique. » *Hst. anc.*

Une république qui récompensoit ainsi les services de ceux morts en combattant pour la patrie, devoit avoir autant de soldats que de citoyens. S'ils venoient à périr, la patrie servoit de mere à leurs enfans. Les trophées que nous érigeons à la gloire de nos généraux sont bien capables d'exciter l'émulation parmi eux ! mais ces sortes de récompenses, qui ne tombent que sur les chefs, sont bien inférieures à celles des Athéniens. C'est ce peuple de soldats qu'il faut encourager et animer par la certitude que si la mort le prive des récompenses qu'il est en droit d'attendre, ses enfans au moins en recueilleront le fruit. Personne ne met tant dans la société que le militaire ; il y met son repos, sa liberté, son sang et sa vie: aucun membre de l'état ne doit être mieux récompensé. Quand les veuves ou les enfans de ces braves militaires réclament le prix des services de leurs pères, dispensateurs des bienfaits publics, transportez-vous en esprit sur le champ même de la victoire; voyez ces soldats teignans de leur sang la terre qui vous environne, et couvrant de leurs corps mutilés, morts et mourans pour le service de la patrie la plaine que vos regards découvrent. Sur ce vaste autel où le patriotisme et la valeur ont versé tant de sang, sur ce terrain consacré par la vertu et la générosité de ces guerriers expirans; à la vue de tant de sacrifices la nature s'attendrit, l'ingratitude fait frémir: vous ne pourrez refuser à ces malheureux les secours qu'ils méritent par leurs services, quand ils ne les arracheroient pas par leurs malheurs. La paix, la gloire et l'abondance sont des titres sacrés à la reconnoissance publique. Le devoir du citoyen est d'employer sa fortune, sa santé, son sang au service de l'état; et celui de la patrie est la reconnoissance.

Immortaliser les noms et les actions des grands hommes, récompenser les services militaires, tel est le cri de la nature et le vœu de la politique. L'intérêt personnel est la cheville ouvrière de toutes nos actions. Quiconque se dévoue à l'intérêt public, cherche en même tems son intérêt personnel. Il n'est pas plus permis de méconnoître ce sentiment, qu'il n'est possible de l'étouffer. Nos desirs s'étendent jusqu'à l'immortalité; l'or, les richesses nous flattent moins que les honneurs, la réputation et la gloire, dont la jouissance est éternelle et la propriété inaliénable. Conversez avec ce statuaire, vous le trouverez plus flatté de la réputation durable qu'il s'acquiert par un monument de marbre que par le profit qu'il retire de son ouvrage. Conversez avec Boucher, il vous dira qu'il ne changeroit pas son coloris qui ne rend point aujourd'hui la nature parce qu'il est certain par l'étude qu'il a faite des couleurs que ses tableaux dans deux cents ans seront et se tiendront au ton vrai et lui feront alors la plus haute réputation. Voyez ce savant, cet homme de cabinet qui travaille nuit et jour à des manuscrits qui ne seront connus que long-tems après sa mort il n'aspire qu'à la réputation qu'ils lui feront quand il n'existera plus. Voyez ces pyramides, ces tombeaux, ces inscriptions, ces statues et ces médailles auxquelles on emploie les matières les plus durables et qu'on enfouit souvent dans le sein de la terre, afin de les perpétuer s'il est possible, autant qu'elle. Tout ne prouve-t-il pas l'amour véhément de l'homme pour la gloire durable. Il n'est rien qu'on ne puisse obtenir des Français, si l'on met en mouvement ces ressorts puissans. C'est par cette voie qu'on peut tirer les trésors des hommes riches, toute l'industrie des hommes intelligens, toute la valeur des guerriers, toute l'adresse des artistes et tout le bien que chaque particulier est capable d'apporter au service général.

FIN.

TABLE

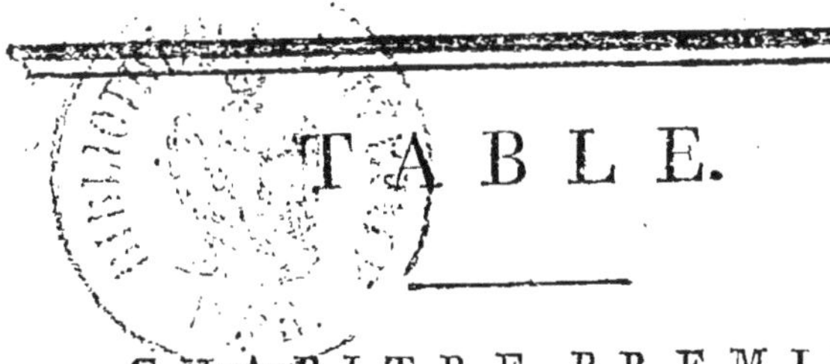

TABLE.

CHAPITRE PREMIER.

Des Monumens publics.

CHAPITRE II.

Autre récompenses des héros, manière de les faire.

E

CHAPITRE III.

Des honneurs rendus aux mânes des grands hommes.

FIN DE LA TABLE.

www.ingramcontent.com/pod-product-compliance
Ingram Content Group UK Ltd.
Pitfield, Milton Keynes, MK11 3LW, UK
UKHW021121230726
13926UKWH00002B/581

9 782014 067323